JN440795

오늘의문학 시인선
418

# 그대에게

이 강 철 시집

오 늘 의 문 학 사

국립중앙도서관 출판예정도서목록(CIP)

그대에게 : 이강철 시집 / 지은이: 이강철. -- 대전 :
오늘의문학사, 2018
p. ; cm. -- (오늘의문학 시인선 ; 418)

ISBN 978-89-5669-902-8 03810 : ₩10000

한국 현대시[韓國現代詩]

811.7-KDC6
895.715-DDC23 CIP2018009034

그대에게

## ■ 詩人의 말

바쁘지 않으면 소외되는 사회입니다.
'나 다운' '나의 삶'을 살아가지 못하고
바쁜 일상에 휩쓸려
이유도 모른 채 그저 분주하게 살아갑니다.
편안한 마음으로 詩 한 편조차 읽기도 쉽지 않습니다.

詩 한 편으로 나눌 수 있는 '여유로움'이
행복입니다.

상처받고 소외당하며,
사랑이 메말라 아픈 가슴에 위로가 되고
치유 회복이 되기를 바라는 마음으로 이 시집을 썼습니다.

허전하고 아파하는 그대에게,
자연을 사랑하는 그대에게
사랑을 그리워하는 그대에게
이 시집을 드립니다.

이 땅에
쓸모없는 것, 쓸모없는 사람은
그 어디에도 없습니다.
쓸모없다고 하는 것들의 소중한 아름다움을 찾아
그 빛나는 아름다움을 詩로 전하고 싶었습니다.
그래서 '살 만한 세상'
'다함께 행복한 사회'를 노래하고 싶습니다.

일상이 詩가 되고,
詩와 함께 행복(UBUNTU)하기를 바라는 소망으로
이 시집을 '그대에게' 바칩니다.

2018년 봄, 自雲 이 강 철

# 목 차

# 목 차



## 제2부 길

# 목차



## 제3부 우리가 사는 세상

# 제 1 부

—

# 그대에게

# 목련

눈빛 하나만으로도
심장을 멎게 할 만큼 절절한
그대는 목련.

겨우내 언 땅속을 그리움으로 흐르다
목이 메어도 좋다.
시린 바람도
나를 휘돌아 가면 따스해지리니
삶이 한 번은
목련꽃으로 피어야 하지.

그저 가슴 시린 사람들
스스로 목숨마저 다 내놓을 만큼
저마다 솟구쳐 흐르다
비로소, 하늘 길을 열고,

머언 먼 설레임이 잘 빚어낸
구백 구천 구만의 봉오리 봉오리마다
간절한 꿈 하나하나 터트려
세상의 봄을 여는 그대.

# 폭포

스스로를
가차 없이 내던지고서야
비로소, 쪽빛 정갈함으로 흐르는
그대는 폭포.

山가슴 언저리 언저리마다
품었던 응어리
한 타래, 한 타래 끌어 모아
온 산을 적시며, 물줄기 이루었다가

곤두박질 쳐보지 않고서야
삶의 깊이 알 수 없고,
송두리째 흔들려 보지 않고서야
뜨거운 사랑 알 수 없나니,
적시지 않고 오는 사랑이
어디 있으랴.

그래서 그대,
그 큰 웃음소리로
세상을 씻어 내는구나.

그리하여 그대,
스스로 하얗게 부서지며
기쁨 만끽하고 있구나.

이제, 그대
온 세상 아름답게 적시는
찬란한 사랑으로 영원히 흐르리라.

# 새벽 江

겨울 밤 지내고서야
따스해지는 새벽 江을 보아라.

시린 어둠
한 자락 한 자락 거두어 끌안고
흐르는 새벽 江.

건너온 세월 겪어온 만큼
세상을 다 품고 흐르다,
온 들녘 차고 넘쳐
푸른 보리싹으로 흐르는 새벽 江.

강나루 사람들
흐르고 또 흐르면
넘치지 않을 江
어디 있으랴.

# 70살 소녀

세상을 어떻게 살아왔는지,
지금도 눈이 맑은
그대는 70살 소녀.

언제나 여린 몸짓과
갓 씻은 상추 같은 상큼한 미소로
짧은 거리도 통통 뛰어 다니는 그대.

가야할 길을
70여 년 동안 한결같이
산티아고 순례길처럼 걷다보니
소녀가 되었다네.

단풍보다는 채송화를 좋아하며
해야 할 일만큼은 거침없이 해내던
그대는 순박하게 아름다운 70살의 소녀.

언제 어디서든 누구에게나 기쁨이 되어
주름마저도 꽃으로 피우며
하루하루 일상이 감동인
그대는 70살 소녀.

성산일출봉

# 고산증高山症

나의 크기보다
더 높은 山에 오르면
어김없이 온몸으로 스며드는 고산증.

한발 한발 오를 때마다
스멀스멀 어지럽고 메스껍고
얼이 다 빠져 나간다.

여기까지
힘들게 올라왔으니
내려가기 싫다고 악다구니로 버티며
계속 그 자리에 머무르면
그 어떤 방법으로도
해소되지 않는 고산증.

무조건 다 버리고
내 발로 내려와야만 비로소 해소되는 고산증.
한없는 평화.

나보다 더 높은 山을 욕심내지 마라.
내가 먼저 무너진다.

# 가을

단풍은 흩날려 별이 되고
그대는 바람에 스미어 교향악이 되고
가을은 그렇게 사랑으로 익어 가는데.

# 태풍이 불면

태풍이 불면,
지붕은 괜찮은지,
떨어질 간판은 없는지,
언덕길 축대는 괜찮은지,
하수구 배수로는 막히지 않았는지,

논밭 물꼬는 열어놨는지,
수박밭 비닐하우스는 튼튼한지,
파헤쳐진 산허리는 괜찮은지
홍수로 무너질 강둑은 없는지,
돌아봐야 하겠지만,

내가 먼저,
속절없이 흔들리다,
한순간에 뽑혀 무너질 삶은 없는지,
세상을 향해
물길은 제대로 열어왔는지,

빈 들에 홀연히 서서,
꼭 먼저, 돌아볼 일이다.

## 언제나 그대는

들풀 하나 바람 한 점
물 한 모금도 버리지 않고,
굽이굽이 긴 세월을
가슴으로 보듬은 채
언제나, 겨울로 와서 가을을 낳는 그대

알맞은 그리움과
충분한 믿음으로
때로는 붉게, 때로는 노랗게
저마다의 사랑으로 잘게 빚어 놓으면,
스스로, 기쁨에 겨운 가을들판.

강의를 준비하는 연구실

# 감나무

한여름 햇살만큼
감이 많이 열려
가진 것이 너무 많다 싶으면
거침없이 온 몸을 털어 감을 툭, 툭
떨구는 감나무.

설익은 아쉬움과
애절한 아픔이 어찌 없으랴마는
나를 툭, 내려놓고서야
기쁨 함께 만끽하며 설레이는
그대는 감나무.

# 연꽃

세상을
거침없이 호령하다가도,
그대 앞에만 서면
도무지 가슴이 떨려
좋아한다 보고 싶다
말 한마디도
속 시원히 고백하지 못하지만
바람에 걸려 다가오는
향 하나만으로도 내 사랑인
그대는 연꽃.

# 가을 서정

나뭇잎 하나 또
山 하나를
흔들어 깨우며 지는데

인생보다는
훨씬 가볍다며
남대문시장 지게꾼 김씨가
40여 년을 져 날랐던
짐의 무게일까?

가진 것 다 버려서
더 가벼워질 수 없을 만큼
감당할 수 없는 무게일까?

우리가 사는 세상 흔들어 깨우며
나뭇잎 하나
또 예사로이 지고…

# 사람꽃

새들은
가장 세찬 바람이 불 때,
높은 나무 위에 새집을 짓고
세찬 물살이 일 때,
산호는 오히려 더욱 화려한 꽃을 피우며,
아침과 낮의 기온 차가 심할수록 꽃들은
저마다 더 선명한 자기색깔로 피어오르듯,

그 깊이를 가늠하기 어려울 만큼
굴곡진 삶의 파고로 쓰나미처럼 휩쓸려 쓰러졌어도
다시 일어서는 그대는
세상에서 가장 찬란한 사람꽃.

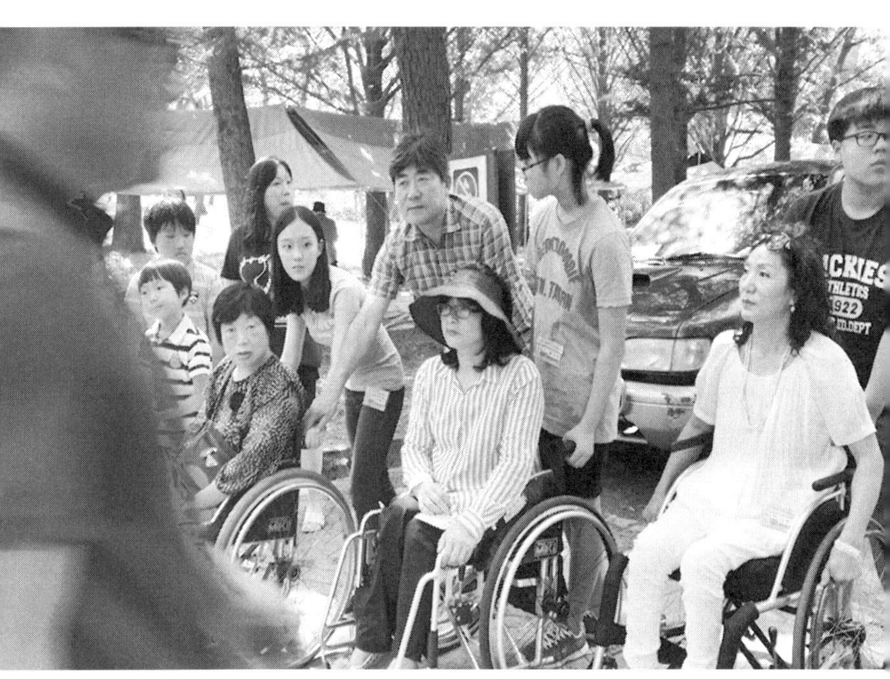

되살미 사랑나눔 봉사대 장애인과 함께 행복 나들이 봉사

# 구봉산

구봉산 오솔길을 오르며
그대를 봅니다.

시린 겨울 지내고서야
복수초 풀섶 사이로 뒤척이는
봄을 흔들어 깨워
세상을 따사로이 지피는 그대는,

그루터기에 쌓인
그리움 절절할수록
구봉산 자락마다
사랑의 싹을 살포시 틔우며

올곧은 나무 하나를 심고
하늘을 바라보는
그대는 희망입니다.

# 늦가을 산사山寺

그대는
山寺의 늦가을.

새들도 둥지를 뜨고
나뭇잎들도 스스로를 던져
벌레들의 긴 잠을 준비하는
늦은 녘에서야
비로소 고즈넉하게 아름다운 그대는
山寺의 늦가을.

마지막 날까지
그 넓은 가을 하늘 가득 채울 만큼
기쁜 사랑 뿌려 새 생명 심는 그대는

그래서 더욱 눈부신
늦가을 山寺.

# 기도

들판에 일렁이는 바람과
길 가의 풀잎 하나를 보면서도
가슴 벅찬 감동을 주시어
살아있음을 늘 감사하게 해 주소서.

누구를 만나든지 미소가 앞서게 하여주시고,
제가 뱉은 말 한 마디가
상처가 아니라
기쁨을 주는 꽃다발이 되게 하소서.

남의 말은 언제나 좋게 하면서도
말하는 것보다 진지하게 듣기를 더욱 잘하게 해주소서.

걸을 때나, 쉴 때나, 일을 할 때
사랑하는 사람을 생각하게 해주시고

나에게 잘해주는 사람뿐만 아니라
잘못한 사람에게도 다름없이 잘하게 해 주시며,

삶의 언저리 언저리마다
어디선가
나를 위해 기도하는 손길들이 있음을
꼭 기억하게 하여주시고
반듯한 삶과 기도로 보답하게 하여 주소서!

어머니와 함께

## 그대 사랑

그대 사랑은

러시아 자작나무숲에 내리는 하얀 눈.

장성 편백나무 숲에 안겨드는 봄비.

시드니 항 잔물결로 퍼지는 오페라하우스의 음율.

노르웨이 그리그의 집 마당을 적시는 바다호수의 입맞춤.

오스트리아 빈숲에서 퍼지는 은근한 와인 향.

예술의 전당 객석의자에 묻혀 눈감고 듣는 아름답고 푸른 도나우강.

# 대추나무

가을 햇살로
눈부시게 반짝이는
그대는 대추나무.

삶이 얼마나 깨끗해야
그대처럼 반짝일 수 있을까!

세상사 돌아보면
눈에 밟히지 않는 일 없겠지마는

그 앙상한 가지 어디에
황금벌판보다 너른 그대 열정
빼곡히 담아 두었다가,

한겨울 눈발, 종잡을 수 없는 봄바람, 그 여름 땡볕
알몸으로 맞아 고이 씻어내고는
달디 단 사랑, 주렁주렁 빚어내
어찌 그리 가을하늘로 반짝이는지

세상을 얼마나 치열하게 사랑해야
눈부신 그대로 빛날 수 있으랴.

손과발 영원한 촛불이 되어 드리겠습니다
• 한밭사랑 복지센터 파랑새 봉사단 •

# 가을 하늘

절절한 사랑 없었다면
삶이 저토록 아름다울 수 있으랴.

애틋한 그리움과 눈물은
그대 사랑으로 하얗게 감싸 안고,
온 몸을 던져
그 푸른 파도를 호흡하며
꿈틀꿈틀 차올라
저리도 눈물겹게 펼쳐 놓은
가을 하늘,
참으로 눈부시구나.

어찌 그대 없이
가슴 벅찬 사랑일 수 있으랴.

# 민들레 1

그 어느 곳에서든
자신만의 꽃을 피우고야마는
그대는 민들레.

어화 둥둥
30리를 날아가
기어코 자리를 잡고
지속가능한 미래로 피어오르는 그대.

흙 한 줌도 없을 산꼭대기 바위틈에서도,
포장도로 갓길이든 보도블록 틈새에서도
노오란 희망으로 박차고 오르는 그대.

살아 있는 한 희망이 있고,
어느 곳이든
내가 선 자리에서 꽃을 피워야한다며
한 목소리로 울려 퍼지는
민들레 합창.

갈 길 잃은 사람들의 가슴에 피어
마침내,
세상의 힘이 되리라.

# 민들레 2

먼저, 수정이 되면
고개를 숙여 땅에 드러눕는
그대는 민들레.

스스로 편한 몸짓으로 팔자 좋아라 눕는 것이 아니라
다시는 벌 나비가 앉지 않도록
나를 땅에 내려놓나니.

아직 수정하지 못한 다른 민들레들에게
수정할 기회를 주기 위해
꽃잎을 숙여 내려놓는다.

잠깐 바람결에
민들레 하나 또 수정되자
남아있는 민들레 모두 수정되기를 빌며
스스로를 낮춰 돌아눕는
그대는 민들레.

# 나무

견딜 수 없을 만큼의 가뭄이
그대를 다 타고 들어도

타는 목마름 때문에
나무는 자리를 바꾸지 않는다.

그대 스스로 몸을 흔들어 바람을 일구며
당당하게 서서 부르짖는 성결한 기도가
알맞은 비를 부르나니

처절하게 다 비운 그대,
깊숙한 가슴 속까지 다 채우고
세상으로 철~철~ 넘칠 때까지
그대, 그 눈부신 푸르름으로 더욱 빛나리라.

# 달팽이

어젯밤,
3층 아파트 베란다 벽을 기어 다니던
그대는 달팽이.

새벽에 나와 보니
흔적도 없이 사라졌다.

달팽이 삶터인 숲으로
제대로 잘 찾아 간 것일까
내심 걱정이 되어
쏜살같이 내려와 보니
아파트 1층 포도나무가 있는
작은 정원 숲으로
내려와 있다.

거대한 벽이 막아서도
가야할 곳이 있는 달팽이는 멈추지 않으며

빠르지는 않지만
결코 느리지도 않은 달팽이

우리처럼.

뇌성마비 장애인과 함께 행복오르간 연주 모습

## 도솔산 구절초

어디서부터 오는 향기일까
따라나선 길.

한줄기 사랑
마을 언저리 서성이다가
함께 길을 나선 사람들

물길 열리는
도솔산 자락마다
구절초로 살포시 피었습니다.

스스로 월평공원 산길을 따라 스미는 그 사랑,
한 바가지씩 퍼 올려 뿌려대니
나무란 나무마다
온통 사랑에 취해
빠알갛게, 노오랗게, 울긋불긋 춤을 추고

하늘마저 푸르디 푸르도록
흥분시켜 놓고 웃어대는
도솔산 구절초.

# 매미

입추까지도
사랑을 울어 예는 그대는 여름매미.

사랑, 그 하나만을 위해
저토록 처절하게 울어 본 적이 없는 사람들은
매미에게 돌 던지지 마시라.

깻잎 가을 향
호박 잎 푸르름을 가로질러
설레임 없는 사람들을 적시는 외침.

그 간절함이
온 세상으로 퍼져
온 산을 붉게 물들여 가는구나.

이제는
사랑 잃은 사람들이
목 놓아 불러야 할
매미의 사랑노래.

# 백철쭉

그대는

하얀 드레스의 발레리나.

푸른 잔디밭 위를 새처럼 솟구쳐 오르다

사뿐히 내려앉는 한바탕 흐드러진 춤사위.

# 사랑의 열쇠

사랑을
철제 다리 기둥에
자물쇠로 꽁꽁 채워 놓고는
열쇠를 금강 물속으로 던지는 그대.

자물쇠 하나로 채워질 사랑이라면
흐르는 강물에 열쇠를 던지는 것일까.
강물처럼 흐르는 사랑임을 체감하며
사랑으로 함께 흐르고 싶은 걸까

사랑의 그네를 타고
금강을 바라보면
자물쇠로 채울 수 없는
사랑은
언제나 한결같이 강물로 흐른다.

# 쇠비름

시골 들판 어딜 가나
이리저리 밟히며
나뒹굴던 쇠비름.

버려진 듯 모르는 듯
누구 하나 거들떠보지도 않던 그 쇠비름이
폐암 말기로 죽어가던 사람들을 살렸으이.

하찮은 들풀 하나도
이렇게 함께 어울려있으니 죽어가던 사람도 살리더이.

사랑 한 점 같이 담아 함께 비벼대니
사람이 살아나더이.

# 석양

세상 그 누구보다도
스스로를
거침없이 불사르던
그대는 태양.

어디 못 다한 사랑이 있어
저토록 찬란한 시를 남겨 놓은 것일까.

# 은행나무

세상을 휘감아 떠돌다
그 물길 닿아 열리는 거리에서,
낯선 아픔마저 설레임으로 피워낸
그대는 은행나무.

세상사 하나 하나
알알이 품고 당차게 차올라
온 몸 흔들어대면

그 노오란 깃발로 해맑은 바람을 일구며,
도심거리마다 울려 퍼지는
가을 교향악.

# 제 2 부

—

# 길

노인분들의 이야기를 귀담아 들으며 즐거운 담소를 나눔

# 청 보리

얼음 밭에 버려두어도
기필코 들춰 일어서는 그대는 청 보리.

그대 이삭이 여물기도 전에
건사하던 식량은 다 떨어져
헐벗고 굶주리며 그 가파르고 험난하다는
보릿고개를 가까스로 넘겨준 청 보리.

지금도 강변 고갯마루에는
새벽안개와 입맞춤하며
보리이삭이 야물게 여물어 간다.

# 한산모시

주름진 삶을 잘게 쪼개어
손길 어루만지니
그대는 순결의 한산모시.

지나온 삶을 흔들어 깨워
한 올 한 올 삼아내니
잘 빚어낸 사랑만 보란 듯이 남았구나.

그대와 나눈 사랑이
저리도 빛깔 곱게 빛나며
숨결 숨결마다 하늘만큼 푸르구나.

죽을 만큼의 아픔도 삶의 무게도
이제 다 강바람에 헹구어
눈부신 모시 날개가 되었으니
아리랑 곡조로 진고개를 넘어
그대, 훨~ 훨~ 날아가시라.

# 행복

비 오면
비에 젖고,
바람 불면
바람이 되어 함께 흐르고.

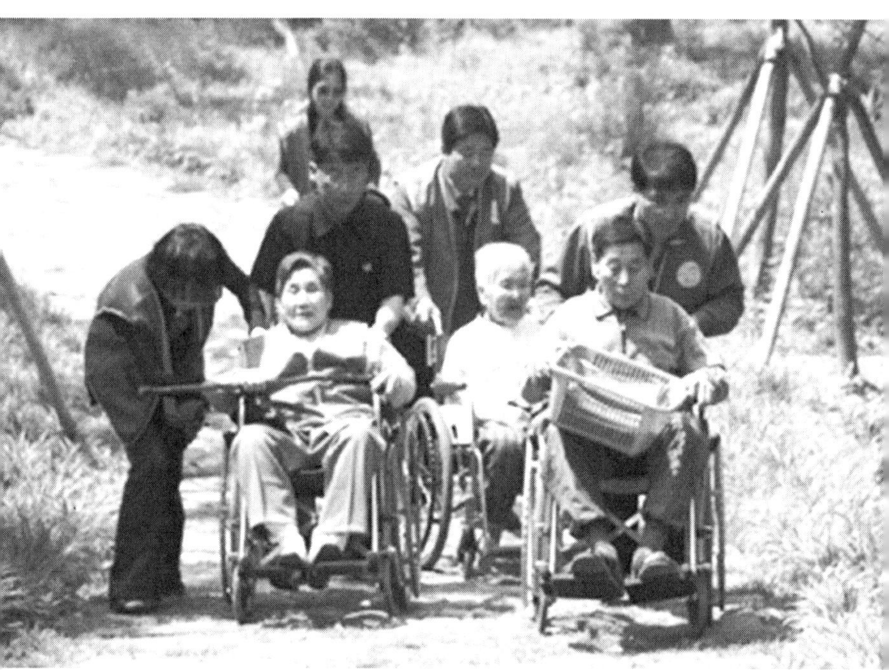

거동이 불편하신 노인분들과 수목원 나들이 봉사

## 그 겨울, 친구

그 겨울,
가진 것 없이도 당당하던
친구가 보고파
찾아온 겨울 초가.

이십 리 흙길 너머
산모퉁이 마을
토담집 굴뚝으로 솟아오르는
따스함이 하늘에 닿아
함박눈은 내리고,

추우면 추울수록
땅을 더욱 깊게 일궈
세상을 따사로이 지피는 친구.

큰 그리움만큼 너른 빈 들판
걷다가 걷다가
아직도 눈 내리는 저녁 무렵.

토닥거리며, 도란대며
논두렁 밭두렁
벌거벗은 흙 가슴 위로
살풋, 살풋 안겨드는
속살 같은 눈들을 보면,

어느덧 마음은 비인 들판처럼
바램 없는 가슴으로 하얗게 비워져서
가진 것 없어도 당당해져
더욱 좋은 나의 길.

걷다가, 걷다가
그리운 내 친구.

# 세수

이른 아침,
세수를 하려고
대야에 물을 담는데,

세숫대야에
벌레 한마리가 빠져있어
물을 버리려다 보니
벌레가 아니라
하얀 민들레꽃이었다.

벌레로 생각했는데 꽃이었다.

살아가면서 벌레처럼 여겼던 한 친구.
내가 힘들고 지쳐 쓰러져 있을 때,
선뜻 내게 다가와 꽃이 된 친구 얼굴이
세숫대야 가득 나를 보고 웃고 있다.

살아가면서
벌레처럼 생각했던 사람이
어느 날, 문득 다가와 꽃이 될 수 있으리.

전혀 쓸모없을 것 같던 사람이
나를 살리는 꽃이었다.

독거노인 행복 반찬배달 봉사

# 길

이 땅 위에
길이 어디 없으랴.

땅은 스스로
길을 내지 않는데
어찌 땅을 흔들어 길을 놓을 수 있으랴.

첫발 내디딘 발걸음부터
끝없이 오고간 사람들의 삶들이
바람과 비와 돌들에 섞여
뒹굴어 떠돌며
더불어 함께 군살로 박혀
길은 열리나니,

그 길, 지나는 모든 사람마다
나누고 또 나누어 함께 누릴 때마다
더 큰 길이 열려
온 땅을 사랑으로 꽃 피울지니

길을 찾아
뒤에 오는 사람들마다 설레며
늘, 사랑에 닿더라.

이강철

# 나의 시

그 옛날,
시골집 뒷간에 걸려 있던 시집 한 권.

큰일을 다 본 후,
한 장씩 뜯어내 부드러울 만큼 적당히 비벼서
밑을 닦으라고 걸려 있던 시집.

큰일을 보면서 시를 읽다가
자연스럽게
시 한 편을 뜯어 밑을 닦아내던
내가

누군가 큰일을 보다가 우연히 읽던
나의 시,
한 편 또는 시 한 줄을 읽고
밑을 닦지 않고 소중하게 찢어
품안에 넣어가는
시가 될 수 있기를.

아주 소박하지만 제대로 큰 꿈
어쩌면 당치 않을 꿈을 꾸었다.

# 백두산

그대,
꽃봉오리여라.
꽃망울 속
내내 한숨도 잠들지 못한 채
팔천만 가슴살,
정수리 끝까지
한 켜 한 켜 꽃잎으로 보듬고
그대, 통일봉으로 서 있구나.

그립고 그리움에
정녕 한 번도 보지 못했던
눈부신 통일꽃으로 피기 위해
잘 여문 꽃망울, 온 몸을 들썩여
들끓고 있구나.
천지를 휘몰아치고 있구나.

백두산 등정

# 어떤 추운 날

이른 새벽,
어미 소의 울부짖는 소리
겨울 산하를 흔들어 깨운다.

엊저녁,
송아지를 내다 판
노인의 바튼 기침소리
소죽을 걸쭉하게 끓여내고

안 가겠다고 온 몸으로 버티면서
주먹만한 눈물 흘리며 바둥거리던
송아지가 눈에 밟혀
만만한 아궁이 속 불만
쑤셔대는 할매의 부지깽이.

코빼기도 보기 어려운 자식놈들
김장에, 내년 농사 준비를 위해
어쩔 수 없이
내다 판 송아지.

애꿎게 지 새끼만 잃은
어미 소의 절절한 울음소리로
시골농가의 하루가 서럽게 익어간다.

# 목발

가진 것을 버려야 비로소
새 길이 보인다.

부둥켜안고 있던 것을 버려야
길을 나설 수 있다.

동네 쓰레기통 옆 담벼락에
버려진 목발.

누군가, 그제야 비로소
스스로 걸을 수 있었으리라.

목발에 의지하여 살아가던 삶이라
결코 내려놓고 싶지 않은 두려운 마음 가득했겠지만
결국 편안함으로 의지했던 것들을 내던짐으로써
마침내, 당당하게 걸어 갈 수 있었던 길.

꽃을 버려야
열매를 얻을 수 있고
시냇물을 가두지 않고 흘러 보내야 만날 수 있던 바다.

가진 것을 버리니 비로소
새 길이 열렸다.

# 광야

첫 날 첫 빛,
그 눈부신 성결함으로
온 세상 비추나니,

솔향 풀- 풀- 날리는
산마을 하늘 아래
지나온 삶들, 한발 한발 걸러
기인 들길마다 바램 없는 사랑 일구소서.

그리하여 그대,
뜨거운 가슴 보듬어 안고 사룬 순결한 불로
사람다운 사람들
눈물 나게 기쁜 삶, 신바람 나는 세상 위해
큰 사랑 뿌리며,

광야를 열어가는 그대 발길마다
눈부신 축복 있을진저.

## 태백산맥太白山脈

절절한 내력 없이
어찌 산맥일 수 있으랴.

山들 그렇게 어우러져
산허리 긴 골짜기를 타고 넘으며 물길을 내어
숨이 멎을 듯 억누를 수 없는 아픔은 폭포수가 되고
말 못할 애절함은
깊이를 알 수 없는 거대한 바람이 되어
목을 놓아 흐르는데,

휘감아 돌며 적시는 땅마다
꿈틀 꿈틀 차오르며
선 좋은 山봉우리 하나씩
알알이 품고 솟구쳐 있는 기대는
그 푸르름 더욱 당차구나.

시시절절 켜켜이 쌓인 아픔 모두
한 세상 빛깔 곱게 가지런히 보듬고
그렇게 단단한 빛으로 설 수 있는
그대는 태백산맥.

## 오대산 선재길

식지 않은 땅.

할아버지의 아버지부터 할머니의 어머니까지
첫 발을 내디뎌 오고간 사람들의
잠들지 않은 발자국.

그 위에 흘린 억겁의 땀방울들이 섞여
굳은살로 다져지면,
새와 나무 풀들이 가슴을 내어주어
길은 열리나니,

길은 사람에 닿고,
사람은 숲과 함께 길을 연다.

그 길을 따라
오대산 월정사 상원사 선재 길을
걷는 모든 사람들마다
평상심으로 여는 평화.

# 비양도

서른여덟이 되던 그해 가을
그녀는 파도에 꿈을 싣고 바다로 달려가
섬이 되었다.

마을 남정네들이
왜 바다로 떠나갔느냐고
고래고래 물었지만
잔파도만 일렁일 뿐
끝내 대답은 없었다.

가끔, 물새 한 마리
섬으로부터 날아와 그리움 한 잎
물어다 주고 떠날 뿐
그녀가 보낸 것인지 누구도 알 수 없었다.

어느 저녁,
그녀가 석양에 젖어 더욱 눈부실 때,
해녀들의 숨비소리에 맞춰
그대 섬으로 날아가리라.

# 백제 궁남지 연꽃

1,400여 년의 절절한 사랑이
그 어디를 떠돌다
백제 궁남지에 머물며
저리도 눈부신 연꽃으로 피었을꼬.

서라벌 선화를 향한 백제 서동의 사랑에 이끌려
나비로 날아 와 피었다가 저물어간
한 사랑이 한 아픔을 내려놓으며
언약의 결기로 피었던 궁남지 연꽃사랑.

지금, 우리도
백제 땅 궁남지 연꽃으로 물들어
서동과 선화로 다시 피어난다.

# 변비

무릎 수술을 위해 하반신 마취를 한 후,
수술을 잘 마치고 깨어나서
일주일 동안이나 변을 보지 못하는
지독한 고통을 겪고 나서야

먹고 싶을 때 먹고
싸고 싶을 때 쌀 수 있다는 것이
이렇게,
큰 행복일 줄이야

지금.

# 이 가을에

비를 내린 후에야 내려오는 하늘은
산으로 들녘으로 몸을 낮게 숨기고는
사랑은 기쁨이라며 온 땅에 속삭이네.

사랑하는 사람들의 절절한 그리움이
여름 내내 보듬었다 날마다 새벽이면
땅으로 폴폴 내려와 가을꽃이 되더이다.

JCI

새해 복
미강철

# 손풍금

견고하다던 내 가슴이
손풍금이 울리면 왜 이리 무너질까.

그저 먼발치에서 듣고만 있어도
속절없이 무너지는
그대는 손풍금.

가슴속을 후벼 헤집는
손풍금 가락에 통곡하며
사랑하는 사람을 떠나보내 봐야만
그 사랑 더없이 애절해지고,
사랑에 속절없이 무너져봐야
알 수 있는 사랑의 손풍금.

기쁨보다 아픔 때문에
손풍금을 타고 올라
비로소 보석이 되는 사랑.

# 열쇠꾸러미

나이가 들수록
열쇠가
한 개 두 개 늘어나더니,
이제는 한 뭉치를 넘어
걸리적거릴 만큼 주머니 가득이다.

이따금 꺼내놓고 살펴보면
필요한 것은
집과 사무실 열쇠 정도인데
그마저도 열쇠로 열고 들어갈 일은 별로 없으니
굳이 필요할 게 없는 욕심덩어리 열쇠뭉치.

죽기 전에
다 버릴 수 있을지.

오늘도
생각에만 잠겨
끝내 버리지 못하고

또다시
미련처럼 열쇠꾸러미를 꼭 움켜쥐고
흘러 다니는 내 인생.

인생 특강

자전거 캠페인

# 자전거

자전거를 타고
예술의 전당으로 가는 길.

무대 위를 차고 오르는 발레리나.
뮤지컬 '사운드 오브 뮤직'의 꽉 찬 울림.
시향 필하모닉이 연주하는
드보르작의 '교향곡 9번 마단조 작품95'에 푹 젖어

자전거를 타고 돌아오는 길은 참으로 경이롭고,
예당의 밤하늘은 눈부시다.
날마다 자전거를 타며 그리는 행복.

## 황태덕장

뼛속까지 시린 겨울 추위 속에서
얼었다 녹았다를 반복하면서
살이 차오르는
그대는 황태.

스스로를 추위 속에 내던져놓고 견디며,
저마다 차오르는 살 때문에
감칠 나게 살아나는 황태.

남극의 추위일지라도,
나를 내 던져 버티면서
살이 차오르며
견고해지는 사람덕장 하나 있어야지.

시설아동을 위한 제과제빵 봉사

## 어떤 날

잘 바숴진 친구를 강 자락에 뿌리며
우리는 눈물 한 점 흘리지 않기로 했다.

친구만큼 가치 있게 살지 못했던 우리들은
해맑게 웃고 있는 친구의 영정사진 앞에서,
치열하게 살다간 친구의
짧은 생애조차 되뇌지 못하고
건강과 자식이야기를 안주삼아
부끄러운 소주를 마셨다.

영안실 건너편 광장에서는
새벽까지 루미나리에 축제로 빛나고,
30년 지기 친구의 눈물 젖은 부인과 아이 앞에서
우리는 각자 남아있는 삶의 두께를 재보며
서둘러, 스마트폰 속
잘 알지도 못하는 사람들에게로 부리나케 달려가고 있다.

제 3 부

—

# 우리가 사는 세상

BOOK FORUM
함께 행복
모두와 함께 가는 리더가 세상을 바꾼다
우분투 리더십
UBUNTU
저자 이 강 철
저자와의 만남
• 일 시 : 2017년 1월 12일 목요일 7시
• 장 소 : 플라워 카페(통계청 뒤 삼육학원 빌딩)
대전 서구 월평동 289-1
• 내 용 : 저자강연
북포럼
질의응답
사인회 및 기념사진
• 참 여 : 현장 당일 무료 접수

# 나비

— 故 노무현 대통령을 위한 헌시

김해 봉하마을 부엉이 바위에
나비가 난다.

목소리는 들리지 않는다.
노랑나비만 떼를 지어 날고 있다.

하늘은 저리 티 없이 맑고,
노랑나비 날고 있다.

나비 날개 사이로
바보처럼,
다시 바람이 분다.

## 노랑 나비

– 故 세월호 희생자 영령들께 바칩니다.

그대, 날아서 노랑나비가 되소서.

우리 모두는 애끓는 비통한 심정으로
눈물 비를 속절없이 맞고 있습니다.
그 해맑은 미소 늘 안겨주며
누군가의 사랑이었고 기도였던 그대들이
왜, 시린 바다 속에….

억제할 수 없는 슬픔, 가슴 깊이 묻고
못다 핀 그대 꿈들을 가슴 깊이 기립니다.

눈부신 하늘 아래 스쳐온 그대들의 삶들을 모다 희디희게 걸러
뜨거운 가슴 보듬고 사루며 이뤘던 모든 일마다
순결한 불로 남아 온 세상을 밝힐지니,

그대 맑았던 삶과
사람 사는 세상의 아름다운 희망으로 함께 이뤄가던
성결한 그대 사랑은
사랑하는 가족과 이웃, 사회와 나라

그리고 우리 모두의 가슴속에 영원히 살아 숨 쉴 것입니다.

이제 그대, 훨~훨~ 날아서
다음 세상에서는
그대들의 꿈 거침없이 펼쳐 날아오르는 노랑나비가 되소서!

이제, 우리 같은 부끄러운 어른들이 없고,
세상의 고통, 아픔, 슬픔 전혀 없는 새 세상,
그 너른 천국의 땅 하나님 품안에,
영생불멸의 극락세상에서
평안히 영면하소서! 고이 잠드소서!

# 그 해 여름 1

– 금강산 남북 이산가족 상봉 현장에서

일곱 해를
땅 속 굼벵이로 살다가
땅을 솟구쳐 나와 7일을 울다 간다는 매미들이
엄청스레 울어대던 그 해 여름

길고 긴 일곱 해를, 일곱 번씩이나
지척 간의 그리움 남 볼까
천 길 가슴 속에 묻어 두었다가

50분이면 갈 수 있는 길을
50년을 꼬박 걸어
그나마 훌쩍 사흘을
금강산 폭포로 울다 온 사람들.

이제 그 일곱 해를
얼마나 더 손꼽아 흘려야
그 여름 매미처럼
거침없이 목을 놓아 울 수 있으랴.

하루만이라도 한 목숨 다 바쳐
다 함께 온 땅 흘러 적시며
흐벅지게 울어 예는 그 여름 매미나마 될 수 있으랴.

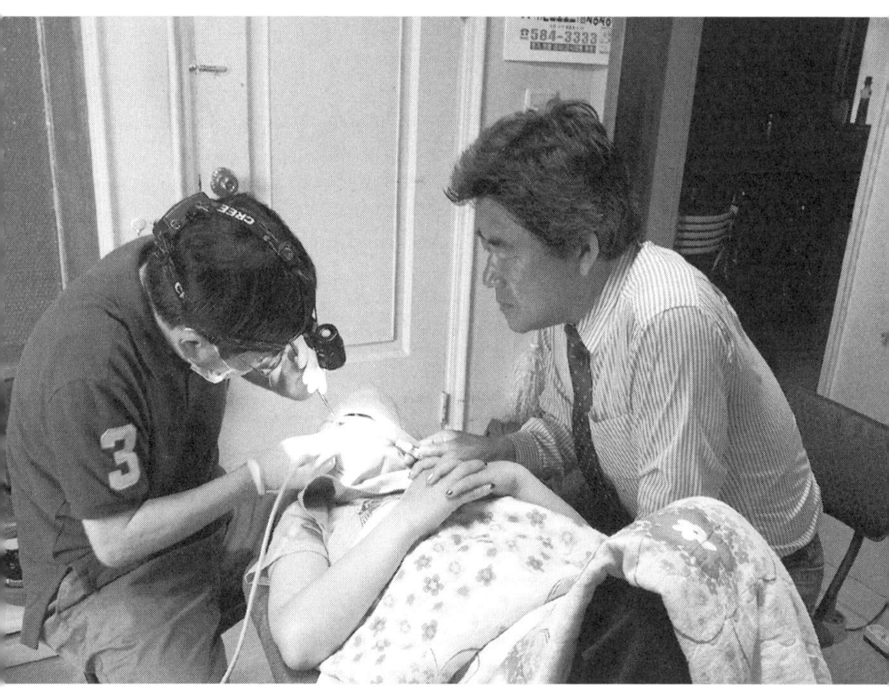


장애인 치과치료 봉사

따뜻한 세상 만들기 봉사

# 그 해 여름 2

한 해가 가고
또,
매미들은
그 해 여름처럼
시원스레 울어대고,

그 나무 그늘 아래
일곱 해를 일곱 번씩
다시 곱씹으며
사람들은 또 한 해를
굼벵이로 서성이고….

# 우리가 사는 세상 3

– 조선 똥개

그들에겐 반드시 필요했다.
조선 똥개가.

사람보다
개를 더 사랑했던 그들은
지구상 곳곳에서
뱃가죽 헐어내는 기아로
사람들, 개만도 못하게 죽어갈 때
사랑의 실천자로 우뚝 서
먹을 만한 음식들을
사랑하는 개님들에게 주고,

터질 듯한 가뭄으로
온 대지 쩌억 쩌억 갈라져
농투산이들 피울음 토할 때
하루라도 목욕하지 않으면 군시러 못사는 개들과 함께
목물을 하며,

후야~ 개판이 된 세상에
사람보다 엄청히 값나가는 洋개들을 보호하기 위해

독약 바른 음식까지도
턱—턱— 받아먹고 적당히 죽어줄
조선 똥개가
꼭 필요했다.

# 우리가 사는 세상 4

머슴, 농투산이, 아녀자, 기생, 나무꾼, 장돌뱅이, 소작꾼, 거렁뱅이
그저 가진 것 하나 없이 버림만 받던
그들은,
다 떨쳐 일어섰지

이 땅을 가르고 뒤엎던
되놈들의 말발굽과
게다짝 비린 조총 내음을
몸 받이로 헤쳐 내며
얼쑤혼魂으로 널부러졌지.

살만한 땅,
수도 없이 널름대던 외세와 변란의 칼날 아래서
민족과 나라, 겨레가 뭔지도 모르던
언년이, 길동이, 개똥에미, 쇠똥할배
그들이,
목숨을 버려 이 땅을 지켜갈 때

종묘사직, 국운창대, 나랏일
입만 열면 핏대 세워 떠들어대고
백성들, 사람다운 삶 죄 빼앗으며
엄청 서슬 퍼렇던 그들은

오직, 지 목숨 하나 보존을 위해
당당히도
초개와 같이 나라를 버렸다
군림하던 벼슬과 즐겨 입던 비단 옷도
과감히 벗어 던지고
그 업신여기던 머슴 옷 찰싹 걸쳐 입고
뒷산으로 토굴로 냅다 튀던 그들이
이제, 손을 흔들며
유유히 비행기를 타고 떠나갔다

임진왜란, 병자호란, 경술국치 때도 그랬듯이
우리들의 빛나는 역사는
늘 그랬다.

제 이름 하나 없던 수많은 백성들은
목숨까지도 거침없이 바쳐 우뚝 서
나라를 지켰고
대통령, 청와대, 장관, 비선 실세들은
거침없이 나라를 팔았다.

지금도
그때처럼….

# 포탄 피 학교종

잔학무도했던 일본놈들이
한국과 중국을 넘어
동아시아 전역에
무지막지하게 쏟아 부었던
수많은 포탄들 가운데,

크나큰 포탄 피 하나를 주어다
학교 교실 옆 소나무에 매달아 만든 학교종.
역사는 어떤 모양으로든 그렇게 다시 살아나
학교종이 "땡! 땡! 땡!"
학교 운동장 담장을 넘어 울려 퍼지는
녹슨 포탄 피 종소리.

그 큰 울림만큼,
일본놈들이 무지막지하게 쏘아대던
저 포탄들이…

얼마나 많은 사람을 죽이고,
셀 수 없을 만큼 많은 가족들에게
아직도 씻기 어려운 아픔을 안기며,

수많은 민족과 나라를 무참히도 짓밟아
그 상처가 채 아물지 않고 있는데

버리지 못하는 미친놈들의 타고난 습관처럼
지금도 멈출 줄 모르고
또 다시 꿈틀꿈틀 일어서려는
일제 군국주의 망령이여!
침략의 그림자여!

이제 그만 멈추라고,
제발 사라지라고,
외치며 통곡하며 포탄 피 종이 울린다.

몽둥이 채를 치켜들고 보란 듯이
일본 사무라이를 속 시원하게 패대기를 친다.
다시 무장하는 일본을
거침없이 내려친다.

학교 담장을 넘어
일본 수상관저에 들릴 때까지.

## 바다가 된 국재

— 사랑하는 조카 '국재'를 그리며

그 큰 그리움 남겨두고
하염없이 떠났던
서천 선도리 서해바다에는
오늘도
물새들 쉼 없이 날개 짓하며
푸른 물결로 출렁이고 있구나.

해맑던 너의 미소처럼 잔잔한
바다가 된 국재야!
그리움 하 사무쳐
때때로 물길을 열어 달려오는 너를 한아름에 안는다.

파도가 치면 너의 살아있는 숨소리로 알고,
밀물로 밀려오면
엄마 그리워 다가오는 국재의 종종걸음으로 알지니,
못다 이룬 너의 꿈 펼치며
거침없고 막힘없는 푸른 바다로 살아 가거라.

가끔은
돌고래로 솟구쳐 오르기도 하고

물새로도 날아오르기도 하며
세상의 아픔도 사랑도 다 감싸안고
어릴 적부터 꿈꿔왔던 너의 꿈을 보란 듯이 파아랗게 펼쳐
그렇게 푸른 바다가 되어라.

달 밝은 보름날이면,
너는 가슴을 활짝 열어 길을 놓나니
한걸음에 달려가
착하디착했던 너의 성품처럼 쌍도로 아름답게 서 있는 너를
얼싸 안고 덩실 덩실 춤을 추련다.

이제는
이승의 아픔, 슬픔, 고통 다 내려놓고
함께 행복한 바다가 되어
모든 바닷물고기들과 어울려 춤추고 있는
너를 그린다.

사랑하는 국재야!

# 무릎 후방십자인대

사고로 무릎을 다쳐 병원에 갔더니, 내 몸에 그런 것이 있었나 싶던, 〈무릎 후방십자인대〉가 끊어져, 수술을 해야 한다네. 끊어진 인대를 잇는 수술인 줄 알았는데 죽은 사람의 인대를 끊어진 내 인대와 이어주는 수술이라네.

죽은 사람의 인대와 내 힘줄이 궁합이 잘 맞아 접합이 잘 되어야만 비로소 후방십자인대가 제대로 역할을 하면서 내가 좌우로 치우치지 않고 자빠지지 않도록 내 몸을 균형 있게 잡아줄 수 있다고 하네.

죽은 사람과 산사람을 이어주는 수술을 받으면서, 죽은 사람이든 산사람이든, 이어져 나가는 것이 중요하고, 결국 산사람들과의 관계도 중요하지만, 죽은 사람과의 관계 또한 중요하다는 점을 비로소 알게 되었네.

세종대왕의 애민사상이
내 안에서 어떻게 살아 숨 쉬며

내 삶 속에서 이어지고 있는지,
이순신 장군의 호국열정이
내 가슴속에 되살아나
어떻게 행동하고 있는지
다산 정약용 선생과 안중근 의사, 김구 선생의 생애가
강줄기로 흘러
나를 휘돌아 지금 어디로 흘러 나가는지
내가 어떻게 받아들여 잘 이어가고 있는지,

처절하게 사시다가 먼저 돌아가신 분들과의 관계도
끊어진 채 내 멋대로만 살고 있는 것은 아닌지 살펴보아야 할 일이다.
그분들의 나라 사랑과 애민 사상이
나에게 이어져  잘 살아가고 있는지 잘 살펴볼 일이다.

# 그대에게

이강철 시집

발 행 일 | 2018년 4월 5일
지 은 이 | 이강철
발 행 인 | 李憲錫
발 행 처 | 오늘의문학사
출판등록 | 제55호(1993년 6월 23일)
주 소 | 대전광역시 동구 대전로867번길 52(한밭오피스텔 401호)
전화번호 | (042)624-2980
팩시밀리 | (042)628-2983
전자우편 | hs2980@hanmail.net
카 페 | cafe.daum.net/gljang(문학사랑 글짱들)
cafe.daum.net/art-i-ma(아트매거진)

공 급 처 | 한국출판협동조합
주문전화 | (070)7119-1752
팩시밀리 | (031)944-8234~6

ISBN 978-89-5669-902-8
값 10,000원



* 이 책은 교보문고에서 eBook(전자책)을 무료로 제작하여 판매합니다.
판매된 전자책에는 오늘의문학사에서 인세를 드립니다.

* 잘못 제작된 책은 바꾸어 드립니다.